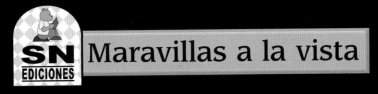

SN EDICIONES Maravillas a la vista

Reptiles

UN LIBRO DE
DORLING KINDERSLEY
www.dk.com

Título original:
Eye Wonder: Reptiles
Copyright©2003 DK Ltd. London

Traducción: Ana Luz Lojero Wheatley
Adaptación: Fabián Cabral

Originalmente publicado
en Gran Bretaña en 2003 por
Dorling Kindersley Limited
80 Strand, London WC2R 0RL

Coordinador editorial: Sue Leonard
Escrito y editado por: Simon Holland
Diseñado por: Tory Gordon-Harris

1a. edición en español, enero 2004

© 2003 Dorling Kindersley Limited
A Penguin Company
D.R. © 2004 SOMOS NIÑOS EDICIONES S.A. DE C.V.
Priv. Francisco L. Rocha núm. 7 Col. San Jerónimo
Tel. (81) 83-47-62-15, Fax (81) 83-33-28-04 C.P. 64630
Monterrey, Nuevo León, México
www.somosninos.com.mx
E-mail: ediciones@somosninos.com.mx

ISBN: 970-755-002-3

Impreso y encuadernado en Italia por L.E.G.O.

De venta exclusiva en el territorio mexicano

Contenido

Las casas de los reptiles

Los reptiles son de piel escamosa y sangre fría, tienen esqueleto y algunos poseen caparazón. Viven en tierra, agua dulce y en el mar. Existen principalmente cuatro grupos.

Tortugas del desierto.

Las tortugas pueden vivir en tierra, en el mar (agua salada) y en lagos o ríos (agua dulce).

Orden Chelonia

A este grupo pertenecen las tortugas de tierra, las marinas y las acuáticas. Todas protegidas por un caparazón.

Squamata

Esta familia está formada por todas las especies de lagartijas y serpientes. Es el grupo más numeroso de los reptiles.

Antes las serpientes tenían patas, pero ahora se

La piel de todos los cocodrilos, es como una fuerte armadura que les cubre todo el cuerpo.

Los *cocodrilos*

Todos los cocodrilos, lagartos, caimanes y gaviales pertenecen al grupo Cocodrilia. La mayoría hacen sus casas en ríos, lagos y pantanos.

En el mundo
hay unas
6 500 especies
diferentes de
reptiles.

Una especie rara

Hoy sólo queda el tuatara del
grupo Rhynchocephalia. Los
tuataras se encuentran
solamente en un lugar sobre
la Tierra –unas islas en la
costa de Nueva Zelanda.

arrastran culebreando.

SANGRE FRÍA

Se sabe que los reptiles son criaturas de
sangre fría, pero no siempre es fría su
sangre. Esto es porque la temperatura de su
cuerpo cambia dependiendo de si su entorno es
frío o caliente. Los reptiles toman sol para
calentarse. Esto mantiene el buen funcionamiento
de su cuerpo. Si el cuerpo de un
reptil no se calienta
lo suficiente, su
estómago no
puede digerir
la comida.

Cuestión de escamas

La piel de los reptiles está cubierta por placas superpuestas, llamadas escamas, las cuales mantienen la humedad interna y les permite habitar en lugares calientes y secos.

Serpiente

Caimán

Eslizón
(lagartija)

Tortuga

Vestimentas sensibles.

El eslizón y la serpiente tienen escamas flexibles para poder moverse sobre la tierra. La piel escamosa del caimán está endurecida con capas de hueso que se encuentran en el lomo y en la panza. Y a la tortuga la cubre su caparazón.

La piel de los reptiles tiene tres funciones: mantiene el agua afuera, la humedad dentro del cuerpo y protege contra posibles lesiones.

Púas y crestas

Algunos reptiles tienen escamas toscas y granulosas que se levantan como lanzas en su lomo. Estas púas puntiagudas son una buena defensa -y a veces forman crestas muy bonitas, que sirven para atraer a la pareja.

Geco (una lagartija)

Piel vieja, piel nueva

Todos los reptiles se deshacen de vez en cuando de la capa exterior de su piel vieja. A esto se le llama mudar de piel. Las serpientes mudan la piel completa en una sola pieza empezando por la cabeza.

La piel de la serpiente sale como si se quitara un calcetín del pie humano.

El lagarto de armadura espinosa, tiene escamas como púas a lo largo de todo su lomo o espina.

La piel del reptil no es buena para mantener el calor del cuerpo.

Los reptiles

● Las escamas exteriores de los reptiles están hechas de queratina, misma que se encuentra en el cabello y uñas del ser humano.

● Las lagartijas pierden su piel poco a poco. Algunas se la van quitando con la boca y luego se la comen.

Las escamas son pedazos de piel delgada.

Sensibilidad al calor

Algunas serpientes tienen cavidades especiales alrededor de sus labios que son sensibles al calor. Les llaman cavidades loreales y las utilizan para detectar a sus presas.

La boa esmeralda tiene muchas cavidades loreales alrededor de sus labios

Doble Visión

El camaleón puede mover un solo ojo, sin mover el otro. Esto quiere decir que puede ver en dos diferentes direcciones al mismo tiempo. Puede usar un ojo para cazar insectos y el otro para cuidarse de un posible ataque.

Acerca de los reptiles

- Las serpientes no tienen orejas. "Oyen" las vibraciones que viajan a través de los huesos de su mandíbula hacia el oído interno.

- Jacobson es el órgano con el que las serpientes y los lagartos "prueban" el medio ambiente.

Ssssentidoss

La mayoría de las serpientes puede ver, oír y oler, también disponen de otros medios para detectar las cosas. Algunos reptiles se fían de uno sólo de sus sentidos porque lo tienen muy desarrollado.

La prueba del gusto

Las serpientes sacan constantemente la lengua para percibir los químicos que están en el aire. Tienen un sentido epecial que "prueba" el aire y les ayuda a encontrar pareja, detectar presas y enemigos.

Las serpientes utilizan más el olfato, gusto y tacto, que la vista y el oído.

El calor corporal de esta rata, lo capta la serpiente con sus cavidades loreales.

Completamente alertas

Las iguanas tienen una vista excelente. Utilizan su oído tambor que está en la piel detrás del ojo, además con éste detectan los sonidos.

El oído tambor es muy delgado y flexible

Deslizarse

Junto con las lagartijas, las serpientes pertenecen al grupo de los Squamatas. Las serpientes tienen un cuerpo flexible, con el cual se deslizan y se arrastran por el suelo –al igual que para nadar en el agua– sus escamas las ayudan a asirse a las superficies.

Marcas flexibles

El esqueleto de una serpiente consta de un cráneo y una columna con costillas. Los músculos adheridos a las costillas le permiten flexionar todo su largo cuerpo.

La víbora de cascabel levanta su cola

Alarma encendida

Esta cascabel lomo diamante es muy venenosa, pero no le gusta desperdiciar su veneno. Siempre suena primero su cascabel, esperando así asustar al enemigo.

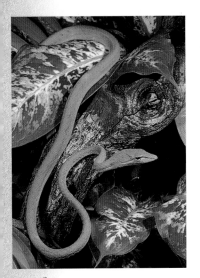

¡Las enredaderas están vivas!

Las verdes serpientes de los árboles tienen cuerpos ligeros y delgados para trepar. El color de su piel les ayuda a no ser notadas entre el follaje, mientras andan cazando.

La gran imitadora.

La serpiente de la leche (derecha) es inofensiva, pero tiene los mismo colores que la coralillo (arriba). Los predadores prefieren no atacarla.

Como no tiene veneno, la víbora de la leche tiene que estrangular a sus presas.

y la zangolotea para hacer sonar su alarma.

Cuellos de hule

La serpiente comedora de huevos de África solamente como huevos de ave que son duros. Puede desarticular sus mandíbulas para tragarse un huevo, hasta el doble del tamaño de su cabeza.

Las estranguladoras

Algunas serpientes –como las boas, pitones y anacondas– capturan y matan a sus presas envolviéndose alrededor del animal hasta que ya no puede respirar. Estas serpientes se llaman constrictoras.

La pitón de Birmania crece hasta 6 m de largo.

Vive en el trópico

La mayoría de las boas viven en los árboles, en zonas calientes de Centro y Sudamérica. Esta boa solamente se encuentra en las islas del Caribe.

Amiga o enemiga

Algunas pitones de Birmania viven cerca de los humanos. A veces atacan a los animales de las granjas; pero también ayudan a controlar la cantidad de ratas y alimañas en los pueblos y ciudades.

Apretones que matan

Las constrictoras atrapan a su presa utilizando dientes agudos y curvos. Luego se van enroscando alrededor del animal y lo aprietan hasta que exhala todo el aire.

Después de una buena comida, una constrictora puede pasar semanas sin comer.

Las víctimas de las boas constrictoras mueren por falta de aire (asfixia).

La mandíbulas se abren y van "caminando" sobre la presa para comerla toda completa.

Las anacondas son un tipo de boa. Viven en Sudamérica, en ríos como el Amazonas.

Tumba acuática

Las anacondas andan al acecho en los pantanos y ríos de corriente tranquila, esperando capturar aves —como los desafortunados ibis— también atrapan tortugas, caimanes y mamíferos como los carpinchos.

Los reptiles

- Por lo general una víbora constrictora tarda varios días en digerir su comida.
- La anaconda es la víbora más larga del mundo. Su cuerpo es tan pesado que le es difícil moverse en tierra.

Antojo de espinas

Un cactus puede no parecer la botana más sabrosa pero, a la iguana terrestre de las Galápagos le encantan los carnosos tallos y las frutas de esta planta. Las puntiagudas espinas del cactus pasan por su interior sin dañarla.

La punta de la lengua esta cubierta con un moco pegajoso que atrapa al insecto.

¡A comer!

La mayoría de las lagartijas son predadores ágiles y veloces que se alimentan de animales pequeños, insectos, mamíferos, aves y otros reptiles. Sólo algunas iguanas grandes y eslizones comen plantas y frutas.

La lengua del camaleón es tan larga como todo su cuerpo.

Punta pegajosa

La mayoría de los camaleones son cazadores de insectos. Su lengua es muy musculosa y la pueden lanzar hacia fuera en menos de un segundo. La punta pegajosa de su lengua atrapa y sostiene a sus presas.

Algunos de los camaleones grandes se alimentan también de aves pequeñas y mamíferos.

Hora de triturar

Ya que la lagartija ojona atrapa un insecto, lo zarandea violentamente de un lado al otro, luego lo pasa a la parte de atrás de su boca, cierra de golpe las mandíbulas y lo tritura.

¡Que rica carne!

Al lagarto de tegu le encanta la carne. Su dieta incluye aves, mamíferos jóvenes y reptiles. En la foto este tegu está comiendo a una víbora de cascabel.

Aquí vienen los dragones

En el mundo de los reptiles existen verdaderos dragones. Este tipo de lagartijas tienen ciertas características tan raras como las criaturas de los cuentos.

Escapando

La mayoría de las lagartijas andan en cuatro patas, pero este dragón de agua con cresta puede hacerlo en sus patas traseras, como un ser humano.

¡Mira su barba!

Este dragón barbón tiene unas escamas puntiagudas alrededor de su garganta. La "barba" se expande para que los predadores crean que es demasiado grande.

Pura pantomima

Cuando el dragón cuello escarolado se siente amenazado, abre su enorme boca y extiende su cuello para asustar a cualquier predador que lo amenace.

Acerca de los reptiles

● El dragón de agua del este de Australia escapa de sus enemigos hundiéndose en el agua, donde puede permanecer hasta por treinta minutos.

● La escarola del dragón escarolado es una capa de piel, más de cuatro veces su tamaño.

LA HYDRA DE MUCHAS CABEZAS

En la mitología griega había un terrible dragón, que asolaba a la región cerca de Argos. Esta criatura era conocida como la "Hidra" tenía nueve cabezas y su sangre era venenosa. Cada ves que le cortaban una cabeza en la batalla, le salía otra en su lugar. Hércules fue el guerrero que lo mató.

El dragón de Komodo crece hasta casi 3 m de largo.

El rey de las lagartijas

El dragón de Komodo es el más largo de las lagartijas vivientes. Pueden atrapar y comerse cabras y puercos.

Personalidades ponzoñosas

Algunos reptiles son venenosos. Usan el veneno ya sea para cazar o como defensa. El veneno de un reptil puede paralizar a su presa o causar daño en su sangre o en sus músculos, y la deja lista para comérsela.

Envenenando a la presa

Las serpientes venenosas introducen el veneno en sus presas a través de sus colmillos perforados. El veneno paraliza a la presa y evita que responda al ataque.

Salivazo repugnante

Las cobras tienen los colmillos dispuestos de manera especial. Algunas los usan para escupir el veneno a la cara de sus enemigos –esto es muy efectivo–, ya que causa mucho dolor y hasta la ceguera.

Cobra negra escupidora

Las cobras escupidoras atinan a su objetivo...

Colmillos que se esconden

Hay víboras que tienen colmillos extra largos y retráctiles. Esto quiere decir que después de morder se esconden otra vez. Además tienen una mandíbula "caminante", con la que engullen entera a su presa.

Algunas víboras pueden mover sus colmillos separadamente, como si fueran dedos humanos.

... a 2 m de distancia.

EL MONSTRUO TRAGÓN

El monstruo de Gila tiene glándulas venenosas en su mandíbula inferior. Camina muy lentamente, hasta que está listo para atacar; lo hace rápidamente y lanza la mordida con mucha violencia. Conforme mastica, el veneno fluye y lo ayuda a matar al animal que atacó.

Dragones babeantes

El dragón de Komodo no es venenoso, pero su saliva tiene muchos tipos de bacterias. Si el animal atacado logra escapar, de todas formas morirá de alguna horrible infección.

Lagartijas venenosas

El monstruo de Gila

Sólo hay dos tipos de lagartijas venenosas: la lagartija de cuentas y el monstruo de Gila. Los grandes roedores son sus presas más grandes.

Qué rico calor

Estos reptiles son muy hábiles cuando se trata de sobrevivir en el desierto. Utilizan el calor de la mañana para calentar sus cuerpos después de una noche fría y se esconden en los matorrales para escapar del sol de mediodía.

Guardando para después

Las lagartijas del desierto se adaptan al calor. La lagartija de cola espinosa (arriba) necesita muy poca agua y almacena comida extra –en forma de grasa– en su rechoncha cola.

Sonríe y corre

La lagartija de collarín se defiende tratando de parecer lo más fiero posible. Si la atacan puede morder a sus enemigos, pero en realidad, prefiere escabullirse entre las rocas del desierto.

Un gran sentido del olfato la ayuda a encontrar su comida.

Esta cobra Egipcia...

...puede estirar las costillas de su cuello para verse atemorizante.

Las cobras viven en las regiones calientes de África, Asia y Australia.

Las cobras tienen colmillos cortos en la parte de enfrente.

La egipcia

La cobra egipcia es una serpiente muy venenosa. Para defenderse alza la parte delantera de su cuerpo y se inclina amenazadoramente sobre el enemigo.

Danza en la arena

Con frecuencia los gecos al sentir demasiado caliente la arena del desierto, levantan sus patas –dos a la vez– para refrescarse un poco.

Geco patas de telaraña.

Demonio espinoso

A esta espinosa criatura le gusta pasar mucho tiempo cazando hormigas en los extensos y calientes desiertos de Australia. Durante las horas de calor, su cuerpo puede alcanzar temperaturas peligrosamente altas, pero se las arregla para resistir.

Las gotas de lluvia y del rocío gotean entre las espinas hacia la boca, dándole agua para beber.

21

Encubierto

Muchos reptiles son muy buenos en el camuflaje –habilidad de confundirse con el entorno natural–. El camuflaje es muy útil para evitar al enemigo, así como para acercarse a la presa sin ser visto.

Troncos vivientes

Los pantanos de Louissiana en los Estados Unidos están llenos de cocodrilos. Las algas que se encuentran en la superficie cubren el cuerpo de los cocodrilos y hacen que parezcan troncos flotantes.

Los cocodrilos americanos pueden comerse hasta un venado o una vaca.

Cambia de color

Las células de la piel del camaleón contienen pequeños granos de pigmentos de colores, los cuales se mueven de lugar dentro de las células y esto ocasiona que la piel pueda cambiar de color.

El color de la piel del camaleón lo mantiene escondido en su entorno natural.

Una serpiente en el follaje

El patrón de dibujos de la víbora gabón le ayuda a pasar desapercibida. Esto hace que sea muy difícil de ver si se esconde entre las hojas en la selva de África.

El juego de esconderse y encontrarse puede ser una cuestión de vida o muerte.

¡Mira bien!

No todos los reptiles usan su color o sus marcas para confun–dirse. Algunos, como este geco, tiene partes del cuerpo con la misma forma de los objetos de su entorno.

Muy buena actriz

La mayoría de los predadores prefieren comer presas vivas. Si la serpiente de pasto se siente en peligro, se contorsiona y se hace la muerta.

Sobrevivir

Correr, esconderse o cavar son buenos recursos para evitar al enemigo. Después de muchos años, los reptiles han desarrollado métodos fascinantes para escapar o defenderse.

A salvo por la cola

Cuando se les atrapa de la cola, muchas lagartijas se deshacen de ella. Los huesos de la cola tienen cortes especiales que hacen que eso sea posible. Luego la cola les vuelve a crecer.

Lagartija esmeralda

Las lagartijas pueden utilizar este truco más de una vez

Espectáculo horripilante

Las lagartijas espinosas del desierto utilizan el factor sorpresa para defenderse. Se hinchan y a veces lanzan un chorro de sangre por los ojos. La mayoría de los atacantes se impresionan tanto que prefieren desistir.

Bola espinosa

La lagartija armadillo tiene una forma diferente para evitar que la ataquen o se la coman. Enrolla su cuerpo lleno de púas, sostiene la cola con su boca y se convierte en una bola espinosa.

Olor como defensa

Para contrarrestar su falta de tamaño, la tortuga apestosa tiene que actuar muy agresivamente. Se defiende expulsando una esencia realmente apestosa, de unas glándulas que se encuentran en la piel de sus piernas.

Saltos
y brincos

Ya no existen los reptiles voladores, pero hay algunos sorprendentes que han desarrollado la habilidad de planear en el aire, nadar y, hasta caminar sobre el agua.

Estas aletas de piel se guardan cuando no son necesarias.

Paracaídas

Los gecos voladores tienen unas como aletas de piel que van desde la cabeza hasta la cola. Cuando saltan de los árboles las aletas se abren y pueden bajar planeando en el aire.

Este geco extiende la piel entre sus dedos para planear por el aire.

La maga

La lagartija basilisco tiene una manera mágica de escapar ante el peligro. Sus anchas patas y la extensión de piel entre sus dedos evitan que se hunda, así que corre sobre el agua, pero el verdadero truco es su velocidad.

Caída libre

La serpiente voladora, no puede volar literalmente, pero sí puede planear entre los árboles. Generalmente salta de una rama muy alta, conduce su cuerpo retorciéndolo y usa su cola como timón.

Las serpientes voladoras caen de la zona de peligro para escapar.

Esta serpiente mete la panza y atrapa una capa de aire que amortigua la caída.

Listo para despegar

Esto puede sonar como algo fantástico, los dragones voladores saltan de un árbol a otro en la selva del sur de Asia. Sacan unas alas muy coloridas de su escondite cuando están listos para volar.

Por las ramas

Decimos que un reptil es "arbóreo", cuando pasa la mayor parte de su vida en los árboles. Muchos han desarrollado características especiales de adaptación en su medio.

Los gecos super escaladores

Los gecos tokay, son excelentes escaladores. Sus patas se adhieren a cualquier cosa porque las plantas de sus patas están cubiertas con minúsculos pelitos como ganchos, que les permiten asirse a cualquier superficie.

Como anclas

Las serpientes de los árboles tienen colas extra largas. La cola se enreda en una rama y actúa como una ancla, mientras el resto del cuerpo se desliza hacia ramas más altas.

Los gecos tienen cinco dedos en las patas, esto les da mucho agarre para trepar.

Los reptiles

- Las lagartijas arbóreas tienen afiladas garras para escalar los troncos de los árboles, así como para asirse.

- El eslizón gigante, es el más grande de la familia de las lagartijas. Crece hasta 66 cm.

La serpiente que habita en los árboles usa las ramas y las enredaderas como disfraz.

Formas entre las sombras

El eslizón tiene cuerpo en forma de tubo y cabeza de cono. Los eslizones de las Islas Solomon pasan la mayor parte del tiempo en los árboles, se alimentan de frutas y hojas y comen de noche.

Comida fresca

Algunas de las serpientes de los árboles se echan a esperar su comida, otras son cazadoras activas. A las serpientes ojo de gato les encantan los huevos de ranas.

Más reptiles

Los reptiles se encuentran en casi cualquier parte del mundo –excepto en las regiones del Ártico y el Antártico– pero son mucho más comunes en áreas bajas en donde hace calor, que en las tierras altas y frías.

Bastante peligrosa

La venenosa víbora pestañona vive en las selvas tropicales de Centro y Sudamérica. Las escamas que le crecen sobre las cavidades abultadas de los ojos, hace que parezcan preciosas y largas pestañas.

Acerca de los reptiles

● Con el tiempo, muchos reptiles se han adaptado a vivir en poblados.

● Moverse en lugares calientes gasta mucha agua y energía, así que los reptiles del desierto se vuelven activos durante la noche.

● Sólo en las cimas de las montañas y en los polos no existen reptiles.

Adoradores del sol

La mayoría de las lagartijas están bien adaptadas al calor y la sequía. La lagartija Agama vive en los pastizales y los matorrales de África, donde se asolea para calentar su cuerpo.

Cola prensil para asirse.

Las boas arbóreas se cuelgan cabeza abajo...

Trepadoras enroscadas

Las boas arbóreas son buenas trepadoras, con su cola prensil se sostienen fuertemente de las ramas. Son más largas y más delgadas que las de tierra.

...y con sus afilados dientes reducen su comida.

Casas de veraneo

Frecuentemente se encuentra a las iguanas de tierra en lugares tropicales. Esta iguana de roca (izquierda) toma las cosas con mucha tranquilidad en las Bahamas.

Compañeros de casa

Los reptiles utilizan excavaciones bajo tierra por diferentes razones. Las tortugas, para escapar del clima caliente y seco. Los eslizones para huir de los predadores.

Espaldas duras

Todas las *Chelonias* tienen en común que cargan su casa a todos lados. Todos los reptiles pertenecientes a este grupo tienen un equipo duro que los ayuda a sobrevivir en su medio ambiente natural.

El caparazón de la tortuga gigante mide alrededor de 1.3 m de largo.

Maravillas de la isla

A las tortugas gigantes de las islas Galápagos no les molestan las condiciones de calor y sequía que existen en las islas. Viven en tierra pelona y rocosa y pueden estar sin comida, ni agua por largas temporadas.

Los reptiles

- Las tortugas pueden vivir hasta más de 100 años.

- Los "anillos del creci—miento" en las capas de hueso de una Chelonia, pueden mostrar su edad.

- Algunas tortugas pueden sobrevivir bajo el agua durante semanas.

Una casa muy dura

El caparazón de las *Chelonias* tiene forma de domo arriba y de escudo plano abajo. Ambas partes están hechas de capas de hueso.

Domo superior: espaldar | Escudo en la panza: plastrón

¡Hasta el fondo!

Las tortugas sacan la cabeza fuera del agua para respirar, pero también pueden hacerlo bajo el agua. Esto lo logran tomando aire a través de su piel, por un forro que tienen en la garganta.

Tortuga de estanque europea.

El cuello tan largo de la tortuga gigante le permite alcanzar las plantas que crecen alto.

¡Arriba la cabeza!

La mayoría de las *Chelonias* son capaces de guardar su cabeza dentro del caparazón para protegerse. Si se ven envueltas en una riña la sacan para demostrar su enojo.

Estas dos tortugas gigantes están en plena discusión.

Trajes de concha

Las conchas son necesarias como defensa propia. Los caparazones de arcos altos o con protuberancias proporcionan protección contra el mal tiempo y los predadores. Los caparazones también las ayudan a perderse en el hábitat.

Tortuga cuello de víbora

Tortuga estrellada

Tortuga lagarto

Tortuga de estanque (acuática)

Monstruos marinos

Muchos reptiles están hechos para vivir en el océano. Tienen un corazón fuerte que bombea sangre al bucear en las aguas frías, y glándulas que remueven la sal de sus cuerpos.

Más agua

Las serpientes marinas tienen la cola aplanada y la utilizan para impulsarse dentro del agua. Son excelentes nadadoras pero, les es muy difícil moverse en tierra.

Las patas traseras sirven para dirigir, algo así como el timón de una lancha.

Ligeras y rápidas

Estas tortugas acuáticas tienen grandes aletas al frente, caparazones ligeros, delgados y de forma aerodinámica. Estas características les ayudan a moverse rápidamente en el agua.

Tortuga verde acuática.

Las patas delanteras en forma de aletas sirven para deslizarse por el agua.

Lomo de cuero

La mayoría de las tortugas tienen cubiertas duras sobre sus lomos. La tortuga gigante lomo de cuero es diferente, tiene un caparazón que parece de concha, pero en realidad es una piel muy dura.

Los reptiles

● Las serpientes marinas son las más venenosas del mundo.

● Las tortugas marinas lloran lágrimas saladas; de esta forma se deshacen del exceso de sal, contenida en el agua de mar, que se tragan cuando nadan y comen.

A la iguana marina le encanta tomar baños de sol y meterse al mar.

Maleza marina

La maleza marina es el alimento de la iguana de las islas Galápagos; es la única lagartija que se alimenta en el mar. Las demás criaturas marinas no le temen ya que este monstruo de las profundidades es definitivamente un animal vegetariano.

Amenazantes

Estas largas criaturas amenazantes son inteligentes
y están muy bien adaptadas a la vida en el agua.
Todos los cocodrilos tienen características similares
pero presentan, también, algunas diferencias interesantes.

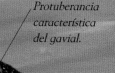

*Protuberancia
característica
del gavial.*

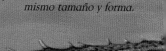

*Sus dientes son del
mismo tamaño y forma.*

Aire acondicionado

El cocodrilo utiliza varios trucos para regular su
temperatura corporal. Cuando hace calor se
enfría levantando la cabeza y abriendo el hocico,
se arrastra a la sombra o se meta al agua.

Cocodrilo del Nilo.

Los cocodrilos tienen un
parentesco más cercano con las
aves que con los demás reptiles.

De una mordida

Todos los reptiles cocodrilos comen
carne (carnívoros). Hasta los
grandes cocodrilos y lagartos son
tan rápidos y fuertes que se pueden
impulsar fuera del agua hacia arriba
como cohetes, para atrapar a su
presa.

Gavial del
Ganges.

Cara de tijera

Es fácil distinguir a un gavial por la forma de su cabeza.
Tiene un hocico largo, sus mandíbulas parecen tijeras y cada
una tiene más de 50 dientes. Son excelentes pescadores.

¿Lagarto o cocodrilo?

El lagarto no es tan ancho
como el cocodrilo. Los
lagartos tienen el cuerpo y
las fauces más cortos
que los cocodrilos, pero
generalmente viven
más tiempo.

Lagarto americano

Lagarto pequeño

El caimán es un tipo de lagarto de Centro y
Sudamérica. Es más pequeño que los demás cocodrilos
y se mueve más rápido en tierra.
Su cuerpo esta protegido por
pequeñas y fuertes escamas
de hueso.

*El cuarto diente del
cocodrilo se sale del
hocico cuando lo
tiene cerrado.*

*Los dientes del caimán son más
largos y más filosos que los del
lagarto.*

¡Qué personajes!

Las criaturas del grupo *Cocodrilia* están emparentados con los reptiles que vivieron hace 200 millones de años. Este es un predador feroz y peligroso, pero tiene una buena vida social y sorprendentemente son padres cuidadosos.

Salado

El cocodrilo de agua salada, o "salado", es uno de los pocos que habitan en aguas saladas, aunque también vive en agua dulce. Los "salados" tienen unas glándulas en la parte posterior de sus lenguas, que eliminan el indeseado exceso de sal.

MONSTRUO DE LAS PROFUNDIDADES

El "salado" puede permanecer bajo el agua por más de una hora. Es el reptil más grande del mundo y uno de los más poderosos. Es tan fuerte como para matar y comerse a un ser humano. El "salado" habita desde el sur de la India hasta las islas Fiji en el Océano Pacífico, y se le ha visto a cientos de kilómetros de la costa más cercana.

Reptiles ancestrales

Los dinosaurios pertenecían al grupo de los *arcosaurios*, "reptiles dominantes". Los cocodrilos pertenecen a esta familia, de hecho, ellos son los únicos *arcosaurios* vivos.

Cráneo de un cocodrilo del periodo de los dinosaurios.

Cráneo y mandíbulas de un cocodrilo actual.

Más reptiles

● Una madre cocodrilo pone de 10 a 90 huevos cada vez.

● Los cocodrilos más grandes pueden medir 7 m de largo.

● Los cocodrilos adultos comen rocas para que los ayuden a digerir su comida.

● Algunos cocodrilos pueden llegar a vivir hasta 100 años.

Enano de los ríos

El cocodrilo enano es la especie más pequeña; crece hasta 2 m de largo. Es tímido y cuando está en peligro se esconde en agujeros en las orillas de los ríos.

Cocodrilo enano.

Cocodrilos cuidadosos

Esta madre cocodrilo carga a su cría recién salida del cascarón y la lleva al agua. Puede transportar más de 15 en cada vuelta. Esto es muy importante para la supervivencia de las crías.

Cocodrilo del Nilo

Cortejo de los cocodrilos

Para atraer a una pareja, el macho cocodrilo sube y baja su cabeza. Hace un ruido para alejar a los machos rivales. También echan burbujas cuando están dentro del agua para atraer a las hembras.

Pequeñines

La mayoría de los reptiles nacen en tierra dentro de un huevo; sólo unos pocos nacen fuera de él.

De tal palo, tal astilla

Ya sea que nazcan dentro de huevos o fuera de ellos, generalmente los bebés reptiles se ven como versiones en miniatura de sus padres.

¡Ella es mía, es mía!

Cuando inicia la temporada de apareamiento, los machos forcejean unos con otros, estas "peleas" son pura exhibicion; generalmente el lagarto más débil se retira antes de que ninguno salga herido.

Salida dificultosa

Las serpientes ponen huevos cuyo cascarón es suave.
Las criaturas tienen dientes especiales para mordisquear el huevo.
Una serpiente bebé se puede tardar hasta dos días en salir del huevo.

Los reptiles con menor número de crías, son los mejores padres y los más cuidadosos.

Los reptiles

● La mayoría de los reptiles dejan a sus crías por su cuenta.

● Los lagartos y las serpientes que salen del huevo dentro del cuerpo de sus madres, son los que tienen una mejor oportunidad de sobrevivir.

Bebés listos

Muchas serpientes y lagartijas paren bebés –tal como los humanos– y no ponen huevos. Los bebés emergen en pequeños sacos de membrana, pero escapan de ellos rápidamente.

Seguras en el mar

Las tortugas hembras hacen nidos con sus aletas traseras, en donde ponen grandes grupos de huevos(nidadas). Una vez que las crías salen del cascarón, caminan directamente hacia el mar, donde correrán menos peligro de ser atacadas.

Los huevos son depositados en tierra, para que los bebés puedan obtener oxígeno del aire.

Seres de los pantanos

Hay pantanos por todo el mundo. Son áreas cubiertas con agua estancada o con poca corriente. Las plantas y los árboles crecen dentro y fuera de los pantanos, logrando con ello el reino ideal para los reptiles.

¡Qué mordida!

La serpiente manglar tiene colmillos en la parte posterior de su boca. Esto quiere decir que muerde, traga y envenena a su presa al mismo tiempo.

La serpiente manglar tiene una boca tan grande que puede tragar huevos ...y hasta ardillas.

Nadadoras de los pantanos

Las serpientes son estupendas nadadoras, como esta jarretera. Se puede deslizar en el agua con sólo mover su cuerpo de un lado a otro en curvas con forma de s.

Buena para morder

La tortuga mordisco no tiene por qué moverse rápido cuando quiere atrapar su comida. Su cuello estrecho y su rápido mordisco hacen todo el trabajo. Come todo lo que le quepa.

Un lugar seguro

Esta iguana verde se asolea en un mangle cerca del pantano. Su color la confunde con el entorno y la esconde de los predadores, para que pueda relajarse.

Las iguanas verdes utilizan su cola para nadar y defenderse.

DE PESCA

La tortuga lagarto (pág. 33) es la tortuga de agua dulce más grande de América. Para pescar su comida, abre sus grandes fauces, saca su lengua que tiene una protuberancia rosada que parece carnada de pescador y atrapa al pez que se acerque; el cual tiene que luchar para escapar del rápido mordisco de las fauces.

Conoce a los parientes

Los reptiles tienen una larga historia. Los cocodrilos son los parientes vivos más cercanos de los dinosaurios, pero no fueron los primeros reptiles que habitaron el mundo.

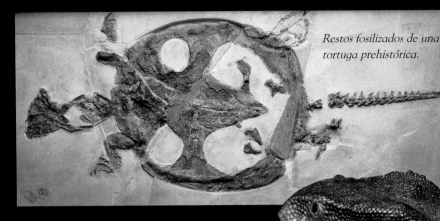

Restos fosilizados de una tortuga prehistórica.

El poder de las tortugas

Las tortugas han vivido en la Tierra por más tiempo que cualquier otra especie de reptiles. Sus parientes lejanos ya existían cuando aparecieron los primeros dinosaurios.

Y las tuataras

Aunque hoy en día ya no existen muchas, las tuataras viven bastante tiempo. Son adultas a la edad de 20 años, pero siguen creciendo hasta los 60 y llegan a vivir hasta los 120 años.

LAS ÚLTIMAS CABEZAS DE PICO

El grupo de Rhynchocephalia, o también llamados reptiles "cabeza de pico" abundaban en la época de los dinosaurios pero ahora sólo queda la tuatara. Las tuataras son parientes de los Homeosaurus, pertenecientes al mismo grupo y vivieron hace 140 millones de años.

Evolución

Los dinosaurios evolucionaron y se convirtieron en aves. Algunos de los reptiles actuales, como los cocodrilos, también están emparentados con las aves. Las serpientes fueron, las últimas en evolucionar.

Hace muchos años existieron reptiles voladores, parecidos al murciélago, llamados Pterosaurus.

Los Pterosaurus, como este Dimorphodon, tenían alas formadas por la piel que crecía entre los huesos de sus dedos.

Un ojo extra

Como muchos lagartos, las tuataras tienen un tercer ojo, llamado ojo pineal; está debajo de la piel entre los otros dos. Con él detectan la luz fuerte y los colores.

Glosario de reptiles

Agua dulce: agua localizada en hábitats acuáticos, que no son salados, como los estanques y los ríos.

Agua salada: agua que se halla en hábitats tales como los océanos, mares y estuarios de ríos.

Arbóreos: nombre de las criaturas que viven en los árboles o que pasan mucho tiempo en ellos.

Camuflaje: es la forma en que los animales se confunden con su entorno natural.

Dinosaurios: reptiles prehistóricos, que alguna vez dominaron el mundo, pero que murieron hace 65 millones de años.

Época de apareamiento: periodo en el que los machos y las hembras se juntan para procrear nuevas criaturas.

Escamas: capas delgadas, a prueba de agua, que cubren las piel de los reptiles.

Especies: grupos de animales que comparten características similares y se aparean para reproducirse.

Esqueleto: estructura de hueso que sostiene y protege el cuerpo de los animales.

Evolución: diferentes habilidades y características que desarrollan todos los seres vivos para sobrevivir y adaptarse a su

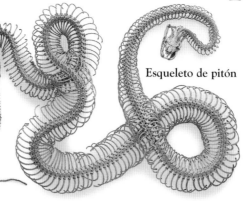

Esqueleto de pitón

hábitat; durante periodos de tiempo muy largos.

Glándulas: partes del cuerpo de un animal que pueden generar substancias como el veneno, sudor, sal y olores desagradables.

Hábitat: hogar natural y alrededores de una criatura.

Hueso espaldar (espina): una cadena de huesos flexibles, que recorre el lomo de un animal.

Mudar la piel: cuando los animales se deshacen de su piel o sus escamas y les salen nuevas.

Nidada: cierto número de huevos, puestos en el mismo momento.

Ojo pineal: es el nombre del tercer ojo que tienen muchos de los reptiles.

Órgano Jacobson: órgano sensorial en la boca de las serpientes y algunos lagartos, que les permite "oler" sus alrededores utilizando sus lenguas.

Pigmento: sustancia dentro de las células, como las células de la piel, que producen color.

Predador: un animal que caza y come a otros animales.

Prensiles: partes del cuerpo, tal como la cola de algunas serpientes, que se agarran muy bien a las cosas.

Presa: animal que es cazado y comido por otros animales.

Queratina: la sustancia que forma unas fibras fuertes y flexibles y forma parte de las escamas de los reptiles.

Sangre fría: animal que usa su entorno natural para calentarse o enfriarse.

Sentidos: los cinco principales son la vista, el oído, el olfato, el tacto y el gusto –pero algunas serpientes sienten el calor de sus presas–.

Veneno: líquido ponzoñoso que tienen algunos reptiles, sobre todo algunas serpientes lo usan para cazar y en defensa propia.

Hábitat de los reptiles

Anaconda verde pág. 13.
Ríos en las selvas tropicales, lagunas y pastizales inundados en Sudamérica.

Boa constrictora pág. 13.
Selvas tropicales, tierras secas y lugares cercanos donde viven seres humanos en América Central y del Sur.

Caimán pág. 6, 37.
Lagos, ríos y pantanos en Centro y Sudamérica.

Camaleón Jackson tres cuernos pág. 15.
Altos bosques de Tanzania y Kenya.

Cascabel lomo diamante del oeste pág. 10.
Desiertos, montes bajos y bosques secos en el sur de los Estados Unidos y al norte de México.

Cobra egipcia pág. 21.
Pastizales (planicies abiertas con pastos) bosques secos y las áreas que rodean el desierto del Sahara en el norte de África, además en Medio Oriente y en Arabia.

Cocodrilo del Nilo pág. 4, 36, 39.
Ríos y lagos en África y Madagascar.

Cocodrilo enano pág. 39.
Pantanos en selvas tropicales, estanques y ríos con poca corriente en África.

Dragón barbón pág.16.
Bosques secos y desiertos al centro y este de Australia.

Dragón de agua con cresta pág. 16.
Bosques con muchos ríos en el sureste de Asia.

Dragón de Komodo pág. 17, 19.
Pastizales y bosques sólo de algunas islas de Indonesia.

Dragón volador pág. 27.
Selvas tropicales del Sureste de Asia.

Geco cola de hoja pág. 23.
Selva tropical al este de Madagascar.

Geco patas de telaraña de Namibia pág. 21.
Áreas arenosas al suroeste de África.

Geco tokay pág. 28.
Bosques y hábitat de humanos al sureste de Asia.

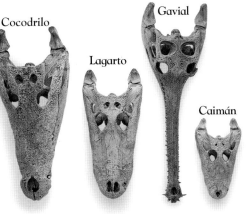

Cocodrilo

Lagarto

Gavial

Caimán

Iguana marina de las Galápagos pág. 35.
Costas rocosas de las Islas Galápagos en el Océano Pacífico.

Iguana verde pág. 43.
Bosques con ríos en México y Sudamérica.

Iguana roca pág. 31.
Hábitat seco y rocoso en islas tropicales cercanas a América.

Lagartija cuello escarolado pág. 16.
Bosques en la sabana al norte de Australia y al sur de Nueva Guinea.

Lagartija armadillo pág. 25.
Afloramientos rocosos y montes bajos (áreas de tierra seca) en Sudáfrica y Namibia.

Lagartija basilisco pág. 26.
Ríos en las selvas tropicales de América Central.

Lagartija collarín pág. 20.
Lugares semiáridos al oeste de Norte América.

Lagartija de arena pág. 6, 31.
Desiertos y las planicies del oste de Arabia.

Lagartija espinosa del desierto pág. 25.
Desiertos secos y arenosos en América del Norte.

Lagartija ojona europea pág. 15.
Pastizales abiertos, viñedos y campos de olivos en Francia, Italia, España y Portugal.

Lagartija tegu pág. 15.
Bosques y pastizales cercanos a los ríos Orinoco y Amazonas en Sudamérica.

Lagarto americano págs. 22, 37, 47.
Pantanos de agua dulce, lagos y ríos al sureste de Norte América.

Monstruo de Gila pág. 19.
Desiertos y pastizales secos al suroeste de los Estados Unidos.

Serpiente africana comedora de huevos pág.11.
Casi todas viven en África central y del sur, al sur del desierto del Sahara.

Serpiente diablo con cuernos pág. 21.
Desiertos al oeste y al centro de Australia.

Serpiente ojos de gato pág. 28 y 29.
Montes bajos con matorrales, semiárido en América Central y del Sur.

Tortuga apestosa pág. 25.
Lagos, estanques, y ríos en Norte América.

Tortuga cuello de serpiente pág. 33.
Ríos con poca corriente, arroyos, pantanos y lagunas en el este de Australia.

Tortuga estrellada pág. 33.
Desiertos y hábitat secos al sur de Asia.

Tortuga de estanque pág. 33.
Hábitat en ríos con casi nada de corriente en Europa, África y Asia.

Tortuga del desierto pág. 4.
Montes bajos, praderas y dunas muy secos al sur de Europa, al norte de África y al oeste de Asia.

Tortuga gigante de las Galápagos pág. 32, 33.
Áreas con rocas volcánicas en las Islas Galápagos en el Océano Pacífico.

Tortuga lomo de cuero pág. 34, 41.
Océanos con temperatura tropical en todo el mundo.

Tortuga patas rojas pág. 6.
Pastizales y sabanas en bosques al norte de Sudamérica.

Tuatara págs. 5, 44 y 45.
Las áreas rocosas de las islas cercanas a Nueva Zelanda en el Océano Pacífico.

Lagarto americano

Índice

Serpiente cola roja

Reconocimientos

Dorling Kindersley nos gustaría agradecer:
A/Dorian Spencer Davis por las ilustraciones originales y trabajo artístico, a Rachel Hilford, Sally Hamilton y a Sarah Mills por la investigación en los archivos de fotografías e ilustraciones.

Créditos por las ilustraciones
(claves: a = arriba; c = centro; b = abajo; i = izquierda; d = derecha;)
La editorial quisiera agradecer a las siguientes personas por permitirnos reproducir sus fotografías:

Unidad de Historia Natural de la BBC: Pete Oxford 31cda; Tony Phelps 25; Michael Pitts 19cd; David Welling 18bi. **Bruce Coleman Ltd.:** Andres Blomqvist 8-9; Gerald S Cubitt 45cia. **Corbis:** 318; Jonathan Blair 36bi; Stephen Fink 37 cda; Patricia Fogden 29bc; Gallo Images 39bc; Joe McDonald 8ai, 39cd. **FLPA – Images of nature:** Robin Chittenden 13bc; Michael Gore 31cib; David Hosking 14; Chris Mattison 11ca;

Minden Pictures 32-33. **Chris Mattison Nature Photographics:** Chris Mattison 6-7. **N.H.P.A.:** ANT 38, 40cia; Anthony Bannister 18bc; 26bi; G I Bernard 4-5; Laurie Campbell 40bc; Martin Harvey 8ci, 39cia; Daniel Heuclin 15bc, 19cia, 29ca; Hellion & Van Ingen 33cda. **Oxford Scientific Films:** Daniel j. Kox 3; David B. Fleetham 41; Michael Fogden 23ad, 30; Jim Frazier / Mantis Wildlife Films 21bc; Olivier Grunewald 41bc; Howard Hall 34cia, 35; Mike Hill 20ad; John Mitchel 36cia; Raymond A Mendez / Animals Animals 25ad; Zig Leszcynski 44-45, 11ai, 25cdb; Srtan Osilinski 31ai; Tui de Roy 33c; Tom Ulrich 5ca. **Premaphotos Wildlife:** Ken Preston-Mafham 27cdb. **Science Photo Library:** Gregory Dimijian 1; Tom McHugh 18ca; John Mitchel 12ac; Jany Sauvanet 34cib. **Woodfall Wild Images:** Bob Gibbons 37ad; Heinrich van den Berg 21c; Davis Woodfall 22ca.

Ilustraciones de Portadas:
Corbis: Stephen Frink.

Todas las demás imágenes: © Dorling Kindersley.